Inhaltsverzeichnis

I.	Zeitbefristeter Arbeitsvertrag für Arbeiter	3
II.	Zeitbefristeter Arbeitsvertrag für Angestellte	7
III.	Zweckbefristeter Arbeitsvertrag für Arbeiter	9
IV.	Zweckbefristeter Arbeitsvertrag für Angestellte	12
V.	Befristeter Probearbeitsvertrag für Arbeiter	14
VI.	Befristeter Probearbeitsvertrag für Angestellte	17
VII.	**Anleitung für den Benutzer**	20
VIII.	Schrifttums-Hinweise	32

Hinweis

Kursivdruck bedeutet, daß für dieselbe Vertragsbestimmung (z. B. die Regelung des Entgelts) verschiedene Formulierungen zur Auswahl gestellt oder als Beispiele angeführt werden. Regelmäßig müssen dann alle Formulierungen bis auf eine gestrichen werden, damit keine Widersprüche entstehen. Im übrigen bitte erst die **Anleitung** ab Seite 20 lesen.

I. Zeitbefristeter Arbeitsvertrag für Arbeiter

§ 1 Beginn und Ende des Arbeitsverhältnisses

Das Arbeitsverhältnis zwischen Herrn/*Frau* ..... und der Firma ..... wird für die Zeit vom ..... bis zum ..... als befristetes Arbeitsverhältnis *(z. B. gem. § 14 Abs. 2 des TzBfG oder als Saisonarbeitsverhältnis, als Aushilfsarbeitsverhältnis, zur Urlaubsvertretung, zur Krankheitsvertretung, für Arbeiten während des Schlußverkaufes, zur Vertretung von Frau X während des Mutterschaftsurlaubs)* abgeschlossen.

Der Rücktritt vom Arbeitsvertrag oder seine Kündigung vor Aufnahme der Tätigkeit sind ausgeschlossen.

Das Arbeitsverhältnis endet zum vorgesehenen Zeitpunkt, ohne daß es einer Kündigung bedarf. Vorzeitig kann das Arbeitsverhältnis von beiden Seiten jederzeit mit der tariflichen *(oder: gesetzlichen; oder: mit der kürzesten tariflich oder: gesetzlich zulässigen)* Frist gekündigt werden.

§ 2 Entgelt

Für die im Vertrag vorgesehene Tätigkeit erhält Herr/*Frau* ..... einen Stundenlohn *(Schichtlohn/Wochenlohn/Monatslohn)* von ..... DM brutto *(bzw. nach Tarifgruppe ..... zuzüglich einer übertariflichen Zulage in Höhe von ..... DM)*.

oder

Akkordlohn (oder: Stücklohn) nach den betriebsüblichen Sätzen (oder: nach den tariflichen Grundsätzen; oder: nach einem Akkordrichtsatz von ..... DM und arbeitswissenschaftlich bzw. betriebsüblich festgelegten Vorgabezeiten; oder: in Höhe von ..... DM je Stück)

oder

Prämienlohn, der nach betriebsüblichen (oder: nach folgenden) Grundsätzen berechnet wird: .....

oder

Herr/Frau ..... erhält eine Vergütung, die sich nach der ausgeübten Tätigkeit und den dafür geltenden tariflichen/betrieblichen Grundsätzen richtet.

Für Nachtarbeit / Nachtschichtarbeit / Sonntagsarbeit / Überstunden werden folgende Zuschläge zum Lohn gezahlt: .....

Durch die übertarifliche Zulage sind ..... Überstunden im Monat abgegolten.

Verpfändung und Abtretung der Lohnforderung sind unverzüglich anzuzeigen *(oder: sind nur mit Zustimmung der Firma zulässig; oder: sind ausgeschlossen)*. Die Kosten, die der Firma durch die Bearbeitung von Lohnpfändungen, Verpfändungen und Abtretungen entstehen, trägt Herr/*Frau* ..... selbst in Höhe von ..... % der abzuführenden Summe *(oder: in Höhe von ..... DM je angefangene 100 DM; oder: in Höhe von ..... DM je Pfändung, Verpfändung oder Abtretung)*.

§ 3 Tätigkeit

Herr/*Frau* ..... wird mit folgenden Arbeiten *(oder: Arbeiten nach Tarifgruppe .....)* beschäftigt werden: .....

oder

wird eingestellt als ..... *(z. B. Lagerarbeiter, Näherin, Maurer) in Abteilung* .....

Eine Umsetzung zu einer anderen zumutbaren Arbeit im gleichen Betrieb *(oder: in der gleichen Betriebsabteilung; oder: im Unternehmen der Firma .....)* bleibt vorbehalten, unbeschadet der Mitbestimmungsrechte des Betriebsrates. Dabei darf eine Entgeltminderung nicht eintreten *(oder: erst nach zwei Wochen eintreten; oder: dabei richtet sich das Entgelt nach der neu zugewiesenen Tätigkeit)*.

§ 4 Arbeitszeit

Die Arbeitszeit beträgt ..... Wochenstunden.

oder

Herr/Frau ..... *wird an folgenden Wochentagen je* ..... *Stunden von* ..... *bis* ..... *beschäftigt.*

Herr/*Frau* ..... ist verpflichtet, auch Nachtarbeit / Nachtschichtarbeit / Schichtarbeit / Sonntagsarbeit / Überstunden im gesetzlich oder tariflich zulässigen Umfang zu leisten.

§ 5 Betriebsgeheimnisse

Alle während der Tätigkeit bekanntgewordenen betriebsinternen Angelegenheiten, insbesondere Geschäfts- und Betriebsgeheimnisse, sind geheimzuhalten.

§ 6 Hinweise

Im übrigen gelten, auch für etwaige Urlaubsansprüche, die gesetzlichen Bestimmungen, die Arbeitsordnung und die Betriebsvereinbarungen. Vertragsänderungen bedürfen der Schriftform.

Anlage zum Arbeitsvertrag

Wesentliche Vertragsbedingungen des Arbeitsverhältnisses nach Nachweisgesetz

1. Arbeitgeber
   Name .....
   Anschrift .....

2. Arbeitnehmer
   Name .....
   Anschrift .....

3. Das Arbeitsverhältnis beginnt am .....

4. Das Arbeitsverhältnis ist befristet bis zum ..... (fester Termin)
   Das Arbeitsverhältnis ist zweckbefristet bis ..... (z. B. Ende des Vertretungsfalls)

5. Der Arbeitnehmer wird in ..... beschäftigt
   Der Arbeitnehmer wird an verschiedenen Orten ..... beschäftigt.

6. Der Arbeitnehmer wird als ..... beschäftigt. Er hat insbesondere folgende Tätigkeiten zu verrichten .....

7. Die Vergütung wird in Höhe von ..... gezahlt
   Weitere Leistungen sind:
   Zulage in Höhe von .....
   Zuschläge in Höhe von .....
   Prämien in Höhe von .....

Sonderleistungen in Höhe von .....
Die Grundvergütung wird fällig am/*zum* .....
Die anderen Entgeltbestandteile werden fällig am/*zum* .....

8. Die Arbeitszeit beträgt ..... Stunden täglich/*in der Woche*

9. Die Urlaubsdauer beträgt jährlich ..... Arbeitstage

10. Es gelten die gesetzlichen Kündigungsfristen
    Es gelten die tariflichen Kündigungsfristen aus dem Manteltarifvertrag .....
    Es wird folgende Kündigungsfrist vereinbart .....

11. Auf das Arbeitsverhältnis sind folgende Tarifverträge anzuwenden .....
    Außerdem sind folgende Betriebsvereinbarungen anzuwenden .....

12. Der Arbeitnehmer wird im Ausland tätig.
    Die Auslandstätigkeit dauert von ..... bis .....
    Das Entgelt wird in (Währung) ..... bezahlt
    Der Arbeitnehmer erhält folgende Zusatzleistungen .....
    Für die Rückkehr gelten folgende Bedingungen .....

II. Zeitbefristeter Arbeitsvertrag für Angestellte

§ 1 Beginn und Ende des Arbeitsverhältnisses

Das Arbeitsverhältnis zwischen Herrn/*Frau* ..... und der Firma ..... wird für die Zeit vom ..... bis zum ..... als befristetes Arbeitsverhältnis *(z. B. gem. § 14 Abs. 2 des TzBfG oder als Saisonarbeitsverhältnis, als Aushilfsarbeitsverhältnis, zur Urlaubsvertretung, zur Krankheitsvertretung, für Arbeiten während des Schlußverkaufes, zur Vertretung von Frau X während des Mutterschaftsurlaubs)* abgeschlossen.

Der Rücktritt vom Arbeitsvertrag oder seine Kündigung vor Aufnahme der Tätigkeit sind ausgeschlossen.

Das Arbeitsverhältnis endet zum vorgesehenen Zeitpunkt, ohne daß es einer Kündigung bedarf. Vorzeitig kann das Arbeitsverhältnis jederzeit mit der tariflichen *(oder: gesetzlichen; oder: mit der kürzesten tariflich oder: gesetzlich zulässigen)* Frist gekündigt werden.

§ 2 Entgelt

Für die im Vertrag vorgesehene Tätigkeit erhält Herr/*Frau* ..... ein Monatsgehalt von ..... DM *(bzw. nach Tarifgruppe ..... zuzüglich einer übertariflichen Zulage in Höhe von ..... DM brutto, zahlbar am Ende des Kalendermonats).*

oder

Herr/*Frau* ..... *erhält ein Monatsgehalt, das sich nach der ausgeübten Tätigkeit und den dafür geltenden tariflichen/betrieblichen Grundsätzen richtet.*

Für Nachtarbeit / Nachtschichtarbeit / Sonntagsarbeit / Überstunden werden folgende Zuschläge zum Gehalt gezahlt: .....

Durch die übertarifliche Zulage sind ..... Überstunden im Monat abgegolten.

Verpfändung und Abtretung der Gehaltsforderung sind unverzüglich anzuzeigen *(oder: sind nur mit Zustimmung der Firma zulässig; oder: sind ausgeschlossen).* Die Kosten, die der Firma durch die Bearbeitung von Gehaltspfändungen, Verpfändungen und Abtretungen entstehen, trägt Herr/*Frau* ..... selbst in Höhe von ..... % der abzuführenden

Summe *(oder: in Höhe von ..... DM je angefangene 100 DM; oder: in Höhe von ..... DM je Pfändung, Verpfändung oder Abtretung).*

§ 3 Tätigkeit

Herr/*Frau* ..... wird mit folgenden Arbeiten *(oder Arbeiten nach Tarifgruppe .....)* beschäftigt werden: .....

oder

wird eingestellt als ..... (z. B. Sekretärin, Kalkulator, Kontoristin, Verkäufer) in Abteilung .....

Eine Umsetzung zu einer anderen zumutbaren Arbeit im gleichen Betrieb *(oder: in der gleichen Betriebsabteilung; oder: im Unternehmen der Firma .....)* bleibt vorbehalten, unbeschadet der Mitbestimmungsrechte des Betriebsrates. Dabei darf eine Entgeltminderung nicht eintreten *(oder: erst nach zwei Wochen eintreten; oder: dabei richtet sich das Entgelt nach der neu zugewiesenen Tätigkeit).*

§ 4 Arbeitszeit

Die Arbeitszeit beträgt ..... Wochenstunden.

oder

Herr/Frau ..... wird an folgenden Wochentagen je ..... Stunden von ..... bis ..... beschäftigt.

Herr/*Frau* ..... ist verpflichtet, auch Nachtarbeit / Nachtschichtarbeit / Schichtarbeit / Sonntagsarbeit / Überstunden im gesetzlich/tariflich zulässigen Umfang zu leisten.

§ 5 Betriebsgeheimnisse

Alle während der Tätigkeit bekanntgewordenen betriebsinternen Angelegenheiten, insbesondere Geschäfts- und Betriebsgeheimnisse, sind geheimzuhalten.

§ 6 Hinweise

Im übrigen gelten, auch für etwaige Urlaubsansprüche, die gesetzlichen Bestimmungen, die Arbeitsordnung und die Betriebsvereinbarungen. Vertragsänderungen bedürfen der Schriftform.

Anlage zum Arbeitsvertrag: siehe Muster I., Seite 5.

III. Zweckbefristeter Arbeitsvertrag für Arbeiter

§ 1 Beginn und Ende des Arbeitsverhältnisses

Das Arbeitsverhältnis zwischen Herrn/*Frau* ..... und der Firma ..... wird auf die Dauer der diesjährigen Sommersaison *(oder: der diesjährigen Urlaubsperiode, der diesjährigen Inventur, der kommenden Mustermesse einschließlich Auf- und Abbau)* abgeschlossen, beginnend mit dem .....

Der Rücktritt vom Arbeitsvertrag oder seine Kündigung vor Aufnahme der Tätigkeit sind ausgeschlossen.

Das Arbeitsverhältnis endet mit Erreichen des Zwecks, frühestens jedoch zwei Wochen nach Zugang der schriftlichen Unterrichtung von Herrn/Frau durch die Firma über den Zeitpunkt der Zweckerreichung. Vorzeitig kann das Arbeitsverhältnis jederzeit mit der tariflichen *(oder: gesetzlichen; oder: mit der kürzesten tariflich oder: gesetzlich zulässigen)* Frist gekündigt werden.

§ 2 Entgelt

Für die im Vertrag vorgesehene Tätigkeit erhält Herr/*Frau* ..... einen Stundenlohn *(Schichtlohn/Wochenlohn/Monatslohn)* von ..... DM brutto *(bzw. nach Tarifgruppe ..... zuzüglich einer übertariflichen Zulage in Höhe von ..... DM und einer Sozialzulage von ..... DM).*

oder

Akkordlohn (oder: Stücklohn) nach den betrieblichen Sätzen (oder: nach den tariflichen Grundsätzen; oder: nach einem Akkordrichtsatz von ..... DM und arbeitswissenschaftlich bzw. betriebsüblich festgelegten Vorgabezeiten; oder: in Höhe von ..... DM je Stück)

oder

Prämienlohn, der nach betriebsüblichen (oder: nach folgenden) Grundsätzen berechnet wird .....

oder

Herr/Frau ..... erhält eine Vergütung, die sich nach der ausgeübten Tätigkeit und den dafür geltenden tariflichen/betrieblichen Grundsätzen richtet.

Für Nachtarbeit / Nachtschichtarbeit / Sonntagsarbeit / Überstunden werden folgende Zuschläge zum Lohn gezahlt: .....

Durch die übertarifliche Zulage sind ..... Überstunden im Monat abgegolten.

Verpfändung und Abtretung der Lohnforderung sind unverzüglich anzuzeigen *(oder: sind nur mit Zustimmung der Firma zulässig; oder: sind ausgeschlossen)*. Die Kosten, die der Firma durch die Bearbeitung von Lohnpfändungen, Verpfändungen und Abtretungen entstehen, trägt Herr/*Frau* ..... selbst in Höhe von ..... % der abzuführenden Summe *(oder: in Höhe von ..... DM je angefangene 100 DM; oder: in Höhe von ..... DM je Pfändung, Verpfändung oder Abtretung)*.

§ 3 Tätigkeit

Herr/*Frau* ..... wird mit folgenden Arbeiten *(oder: Arbeiten nach Tarifgruppe .....)* beschäftigt werden: .....

oder

wird eingestellt als ..... (z. B. Lagerarbeiter, Näherin, Maurer) in Abteilung .....

Eine Umsetzung zu einer zumutbaren Arbeit im gleichen Betrieb *(oder: in der gleichen Betriebsabteilung; oder: im Unternehmen der Firma .....)* bleibt vorbehalten, unbeschadet der Mitbestimmungsrechte des Betriebsrates. Dabei darf eine Entgeltminderung nicht eintreten *(oder: erst nach zwei Wochen eintreten; oder: dabei richtet sich das Entgelt nach der neu zugewiesenen Tätigkeit)*.

§ 4 Arbeitszeit

Die Arbeitszeit beträgt ..... Wochenstunden.

oder

Herr/Frau ..... wird an folgenden Wochentagen je ..... Stunden von ..... bis ..... beschäftigt.

Herr/*Frau* ..... ist verpflichtet, auch Nachtarbeit / Nachtschichtarbeit / Schichtarbeit / Sonntagsarbeit / Überstunden im gesetzlich/tariflich zulässigen Umfang zu leisten.

§ 5 Betriebsgeheimnisse

Alle während der Tätigkeit bekanntgewordenen betriebsinternen Angelegenheiten, insbesondere Geschäfts- und Betriebsgeheimnisse, sind geheimzuhalten.

§ 6 Hinweise

Im übrigen gelten, auch für etwaige Urlaubsansprüche, die gesetzlichen Bestimmungen, die Arbeitsordnung und die Betriebsvereinbarungen. Vertragsänderungen bedürfen der Schriftform.

Anlage zum Arbeitsvertrag: siehe Muster I., Seite 5.

IV. Zweckbefristeter Arbeitsvertrag für Angestellte

§ 1 Beginn und Ende des Arbeitsverhältnisses

Das Arbeitsverhältnis zwischen Herrn/*Frau* ..... und der Firma ..... wird auf die Dauer der diesjährigen Sommersaison *(oder: der diesjährigen Urlaubsperiode, der diesjährigen Inventur, der kommenden Mustermesse einschließlich Auf- und Abbau)* abgeschlossen, beginnend mit dem .....

Der Rücktritt vom Arbeitsvertrag oder seine Kündigung vor Aufnahme der Tätigkeit sind ausgeschlossen.

Das Arbeitsverhältnis endet mit Erreichen des Zwecks, frühestens jedoch zwei Wochen nach Zugang der schriftlichen Unterrichtung von Herrn/Frau durch die Firma über den Zeitpunkt der Zweckerreichung.

Vorzeitig kann das Arbeitsverhältnis jederzeit mit der tariflichen *(oder: gesetzlichen; oder: mit der kürzesten tariflich oder: gesetzlich zulässigen)* Frist gekündigt werden.

§ 2 Entgelt

Für die im Vertrag vorgesehene Tätigkeit erhält Herr/*Frau* ..... ein Monatsgehalt von ..... DM brutto *(bzw. nach Tarifgruppe ..... zuzüglich einer übertariflichen Zulage in Höhe von ..... DM und einer Sozialzulage in Höhe von ..... DM)*, zahlbar am Ende des Kalendermonats.

oder

Herr/Frau ..... erhält ein Monatsgehalt, das sich nach der ausgeübten Tätigkeit und den dafür geltenden tariflichen/betrieblichen Grundsätzen richtet.

Für Nachtarbeit / Nachtschichtarbeit / Sonntagsarbeit / Überstunden werden folgende Zuschläge zum Gehalt gezahlt: .....

Durch die übertarifliche Zulage sind ..... Überstunden im Monat abgegolten.

Verpfändung und Abtretung der Gehaltsforderung sind unverzüglich anzuzeigen *(oder: sind nur mit Zustimmung der Firma zulässig; oder: sind ausgeschlossen)*. Die Kosten, die der Firma durch die Bearbeitung von Gehaltspfändungen, Verpfändungen und Abtretungen entstehen, trägt Herr/Frau ..... selbst in Höhe von ..... % der abzuführenden Summe *(oder: in Höhe von ..... DM je angefangene 100 DM; oder: in Höhe von ..... DM je Pfändung, Verpfändung oder Abtretung).*

§ 3 Tätigkeit

Herr/*Frau* ..... wird mit folgenden Arbeiten *(oder: Arbeiten nach Tarifgruppe .....) beschäftigt werden:* .....

oder

wird eingestellt als ..... (z. B. Sekretärin, Kalkulator, Kontoristin, Verkäufer) in Abteilung .....

Eine Umsetzung zu einer anderen zumutbaren Arbeit im gleichen Betrieb *(oder: in der gleichen Betriebsabteilung; oder: im Unternehmen der Firma .....)* bleibt vorbehalten, unbeschadet der Mitbestimmungsrechte des Betriebsrates. Dabei darf eine Entgeltminderung nicht eintreten *(oder: erst nach zwei Wochen eintreten; oder: dabei richtet sich das Entgelt nach der neu zugewiesenen Tätigkeit).*

§ 4 Arbeitszeit

Die Arbeitszeit beträgt ..... Wochenstunden.

oder

Herr/Frau ..... wird an folgenden Wochentagen je ..... Stunden von ..... bis ..... beschäftigt.

Herr/*Frau* ..... ist verpflichtet, auch Nachtarbeit / Nachtschichtarbeit / Schichtarbeit / Sonntagsarbeit / Überstunden im gesetzlich/tariflich zulässigen Umfang zu leisten.

§ 5 Betriebsgeheimnisse

Alle während der Tätigkeit bekanntgewordenen betriebsinternen Angelegenheiten, insbesondere Geschäfts- und Betriebsgeheimnisse, sind geheimzuhalten.

§ 6 Hinweise

Im übrigen gelten, auch für etwaige Urlaubsansprüche, die gesetzlichen Bestimmungen, die Arbeitsordnung und die Betriebsvereinbarungen. Vertragsänderungen bedürfen der Schriftform.

Anlage zum Arbeitsvertrag: siehe Muster I., Seite 5.

V. Befristeter Probearbeitsvertrag für Arbeiter

§ 1 Beginn und Ende des Probearbeitsverhältnisses

Zwischen Herrn/*Frau* ..... und der Firma ..... wird ein Probearbeitsverhältnis für die Dauer von ..... Wochen/Monaten, beginnend mit dem ..... abgeschlossen.

Der Rücktritt vom Arbeitsvertrag oder seine Kündigung vor Aufnahme der Tätigkeit sind ausgeschlossen.

Das Arbeitsverhältnis endet mit dem vorgesehenen Zeitpunkt, ohne daß es einer Kündigung bedarf, wenn nicht vorher Einigkeit über die Fortführung als Dauerarbeitsverhältnis erzielt wird. Sollte die Firma ..... Herrn/*Frau* ..... nicht in ein Dauerarbeitsverhältnis übernehmen wollen, wird sie ..... Tage/*Wochen* vor Ablauf des Probearbeitsverhältnisses darauf aufmerksam machen.

Vorzeitig kann das Arbeitsverhältnis von beiden Seiten jederzeit mit der tariflichen *(oder: gesetzlichen; oder: mit der kürzesten tariflich oder: gesetzlich zulässigen)* Frist gekündigt werden.

Bei Übernahme in ein Dauerarbeitsverhältnis wird ein neuer Arbeitsvertrag abgeschlossen werden.

§ 2 Entgelt

Für die im Vertrag vorgesehene Tätigkeit erhält Herr/*Frau* ..... einen Stundenlohn *(Schichtlohn, Wochenlohn, Monatslohn)* von ..... DM brutto *(bzw. nach Tarifgruppe ..... zuzüglich einer übertariflichen Zulage in Höhe von ..... DM und einer Sozialzulage in Höhe von ..... DM)*

oder

Akkordlohn (oder: Stücklohn) nach den betriebsüblichen Sätzen (oder: nach den tariflichen Grundsätzen; oder: nach einem Akkordrichtsatz von ..... DM und arbeitswissenschaftlich bzw. betriebsüblich festgelegten Vorgabezeiten, oder: in Höhe von ..... DM je Stück)

oder

Prämienlohn, der nach betriebsüblichen (oder: nach folgenden) Grundsätzen berechnet wird: .....

oder

Herr/Frau ..... *erhält eine Vergütung, die sich nach der ausgeübten Tätigkeit und den dafür geltenden tariflichen/betrieblichen Grundsätzen richtet.*

Für Nachtarbeit / Nachtschichtarbeit / Sonntagsarbeit / Überstunden werden folgende Zuschläge zum Lohn gezahlt: .....

Durch die übertarifliche Zulage sind ..... Überstunden im Monat abgegolten.

Verpfändung und Abtretung der Lohnforderung sind unverzüglich anzuzeigen *(oder: sind nur mit Zustimmung der Firma zulässig; oder: sind ausgeschlossen)*. Die Kosten, die der Firma durch die Bearbeitung von Lohnpfändungen, Verpfändungen und Abtretungen entstehen, trägt Herr/*Frau* ..... selbst in Höhe von ..... % der abzuführenden Summe *(oder: in Höhe von ..... DM je angefangene 100 DM; oder: in Höhe von ..... DM je Pfändung, Verpfändung oder Abtretung)*.

§ 3 Tätigkeit

Herr/*Frau* ..... wird mit folgenden Arbeiten *(oder: Arbeiten nach Tarifgruppe* .....*)* beschäftigt werden: .....

oder

wird eingestellt als ..... *(z. B. Lagerarbeiter, Näherin, Maurer) in Abteilung* .....

Eine Umsetzung zu einer anderen zumutbaren Arbeit im gleichen Betrieb *(oder: in der gleichen Betriebsabteilung; oder: im Unternehmen der Firma* .....*)* bleibt vorbehalten, unbeschadet der Mitbestimmungsrechte des Betriebsrates. Dabei darf eine Entgeltminderung nicht eintreten *(oder: erst nach zwei Wochen eintreten; oder: dabei richtet sich das Entgelt nach der neu zugewiesenen Tätigkeit)*.

Herr/*Frau* ..... bedarf zu einer mehr als geringfügigen, auf Erwerb gerichteten Nebentätigkeit sowie zur Beteiligung oder sonstigen Mitarbeit bei einem Konkurrenzunternehmen der schriftlichen Genehmigung der Firma.

§ 4 Arbeitszeit

Die regelmäßige Arbeitszeit beträgt ..... Wochenstunden.

oder

Herr/Frau ..... *wird an folgenden Wochentagen je* ..... *Stunden von* ..... *bis* ..... *beschäftigt.*

Herr/*Frau* ..... ist verpflichtet, auch Nachtarbeit / Nachtschichtarbeit / Schichtarbeit / Sonntagsarbeit / Überstunden im gesetzlich / tariflich zulässigen Umfang zu leisten.

§ 5 Betriebsgeheimnisse

Alle während der Tätigkeit bekanntgewordenen betriebsinternen Angelegenheiten, insbesondere Geschäfts- und Betriebsgeheimnisse, sind geheimzuhalten.

§ 6 Hinweise

Im übrigen gelten, auch für etwaige Urlaubsansprüche, die gesetzlichen Bestimmungen, die Arbeitsordnung und die Betriebsvereinbarungen. Vertragsänderungen bedürfen der Schriftform.

Anlage zum Arbeitsvertrag: siehe Muster I., Seite 5.

VI. Befristeter Probearbeitsvertrag für Angestellte

§ 1 Beginn und Ende des Probearbeitsverhältnisses

Zwischen Herrn/*Frau* ..... und der Firma ..... wird ein Probearbeitsverhältnis für die Dauer von ..... Wochen/*Monaten*, beginnend mit dem ..... abgeschlossen.

Der Rücktritt vom Arbeitsvertrag oder seine Kündigung vor Aufnahme der Tätigkeit sind ausgeschlossen.

Das Arbeitsverhältnis endet mit dem vorgesehenen Zeitpunkt, ohne daß es einer Kündigung bedarf, wenn nicht vorher Einigkeit über die Fortführung als Dauerarbeitsverhältnis erzielt wird. Sollte die Firma ..... Herrn/*Frau* ..... nicht in ein Dauerarbeitsverhältnis übernehmen wollen, wird sie ..... Tage/*Wochen* vor Ablauf des Probearbeitsverhältnisses darauf aufmerksam machen.

Vorzeitig kann das Arbeitsverhältnis von beiden Seiten jederzeit mit der tariflichen *(oder: gesetzlichen; oder: mit der kürzesten tariflich oder: gesetzlich zulässigen)* Frist gekündigt werden.

Bei Übernahme in ein Dauerarbeitsverhältnis wird ein neuer Arbeitsvertrag abgeschlossen werden.

§ 2 Entgelt

Für die im Vertrag vorgesehene Tätigkeit erhält Herr/*Frau* ..... ein Monatsgehalt von ..... DM *(bzw. nach Tarifgruppe ..... zuzüglich einer übertariflichen Zulage in Höhe von ..... DM und einer Sozialzulage in Höhe von ..... DM)* brutto, zahlbar am Ende des Kalendermonats.

oder

Herr/Frau erhält ein Monatsgehalt, das sich nach der ausgeübten Tätigkeit und den dafür geltenden tariflichen/betrieblichen Grundsätzen richtet.

Für Nachtarbeit / Nachtschichtarbeit / Sonntagsarbeit / Überstunden werden folgende Zuschläge zum Gehalt gezahlt: .....

Durch die übertarifliche Zulage sind ..... Überstunden im Monat abgegolten.

Verpfändung und Abtretung der Gehaltsforderung sind unverzüglich anzuzeigen *(oder: sind nur mit Zustimmung der Firma zulässig; oder: sind ausgeschlossen)*. Die Kosten, die der Firma durch die Bearbeitung von Gehaltspfändungen, Verpfändungen und Abtretungen entstehen, trägt Herr/*Frau* ..... selbst in Höhe von ..... % der abzuführenden Summe *(oder: in Höhe von ..... DM je angefangene 100 DM; oder: in Höhe von ..... DM je Pfändung, Verpfändung oder Abtretung)*.

§ 3 Tätigkeit

Herr/*Frau* ..... wird mit folgenden Arbeiten *(oder: Arbeiten nach Tarifgruppe .....)* beschäftigt werden: .....

oder

wird eingestellt als ..... (z. B. Sekretärin, Kalkulator, Kontoristin, Verkäufer) in Abteilung .....

Eine Umsetzung zu einer anderen zumutbaren Arbeit im gleichen Betrieb *(oder: in der gleichen Betriebsabteilung; oder: im Unternehmen der Firma .....)* bleibt vorbehalten, unbeschadet der Mitbestimmungsrechte des Betriebsrates. Dabei darf eine Entgeltminderung nicht eintreten *(oder: erst nach zwei Wochen eintreten; oder: dabei richtet sich das Entgelt nach der neu zugewiesenen Tätigkeit)*.

Herr/*Frau* ..... bedarf zu einer mehr als geringfügigen, auf Erwerb gerichteten Nebentätigkeit sowie zur Beteiligung oder sonstigen Mitarbeit bei einem Konkurrenzunternehmen der schriftlichen Genehmigung der Firma.

§ 4 Arbeitszeit

Die regelmäßige Arbeitszeit beträgt ..... Wochenstunden.

oder

Herr/Frau ..... wird an folgenden Wochentagen je ..... Stunden von ..... bis ..... beschäftigt.

Herr/*Frau* ..... ist verpflichtet, auch Nachtarbeit / Nachtschichtarbeit / Schichtarbeit / Sonntagsarbeit / Überstunden im gesetzlich/tariflich zulässigen Umfang zu leisten.

§ 5 Betriebsgeheimnisse

Alle während der Tätigkeit bekanntgewordenen betriebsinternen Angelegenheiten, insbesondere Geschäfts- und Betriebsgeheimnisse, sind geheimzuhalten.

§ 6 Hinweise

Im übrigen gelten, auch für etwaige Urlaubsansprüche, die gesetzlichen Bestimmungen, die Arbeitsordnung und die Betriebsvereinbarungen. Vertragsänderungen bedürfen der Schriftform.

Anlage zum Arbeitsvertrag: siehe Muster I., Seite 5.

VII. Anleitung für den Benutzer

1. Die Muster sollen vor allem Anhaltspunkte geben, woran Sie bei Abschluß befristeter Arbeitsverträge denken müssen und wie Sie die Vertragsbestimmungen zweckmäßig und rechtlich einwandfrei formulieren. Sie verstehen sich als Checklisten und Formulierungshilfen. Die Muster dürfen aber nicht kritiklos übernommen, sondern müssen den betrieblichen Bedürfnissen angepaßt werden. Achten Sie bitte auch auf möglicherweise eingetretene Gesetzesänderungen. Wo in der Praxis häufig verschiedenartige Regelungen vorkommen, sind mehrere Formulierungen zur Auswahl gestellt oder als Beispiele angeführt. Streichen Sie daher dasjenige, was für Sie nicht zutrifft oder nicht wünschenswert ist oder passen Sie es den besonderen Verhältnissen des Betriebs oder des betreffenden Arbeitsverhältnisses an. Hervorhebungen im Druck *(Kursivdruck)* zeigen, wo für die betreffende Arbeitsbedingung verschiedene Abwandlungen denkbar sind und daß zu überlegen ist, was im Einzelfall in Frage kommt bzw. ob eine andere als die angebotene Formulierung im betreffenden Fall angebracht oder notwendig ist. Wo *Kursivdruck* erscheint, muß etwas gestrichen werden, da nicht mehrere einander u. U. widersprechende Bestimmungen nebeneinander stehenbleiben dürfen.

2. Am 1. 1. 2001 trat das Gesetz über Teilzeitarbeit und befristete Arbeitsverträge und zur Änderung und Aufhebung arbeitsrechtlicher Bestimmungen in Kraft (BGBl. I Nr. 59). Mit der gesetzlichen Regelung durch das Teilzeit- und Befristungsgesetz ist eine Kodifizierung der im wesentlichen obergerichtlich vorgegebenen Regelungen über befristete Arbeitsverhältnisses erfolgt. Ausgangsbestimmung für kalendermäßig und zweckbefristete Arbeitsverhältnisse war bis dahin § 620 Abs. 1 BGB und die hierzu ergangene Rechtsprechung. Darüber hinaus waren Befristungen nach dem Beschäftigungsförderungsgesetz möglich, das mit dem 31. 12. 2000 auslief und ebenfalls durch das Teilzeit- und Befristungsgesetz neu geregelt worden ist. Für die befristeten Arbeitsverträge bestimmt nunmehr § 620 Abs. 1 BGB (neu): „Für Arbeitsverträge, die für bestimmte Zeit abgeschlossen werden, gilt das Teilzeit- und Befristungsgesetz".

3. Kalendermäßige Befristung – Zweckbefristung. Nach § 3 TzBfG ist ein Arbeitnehmer **befristet** beschäftigt, wenn mit ihm ein auf eine bestimmte Zeit abgeschlossenes Arbeitsverhältnis begründet worden ist. Ein auf bestimmte Zeit geschlossener Arbeitsvertrag (befristeter Arbeitsvertrag) liegt vor, wenn seine Dauer **kalendermäßig** bestimmt ist (kalendermäßig befristeter Arbeitsvertrag) oder sich aus **Art, Zweck oder Beschaffenheit der Arbeitsleistung** ergibt (zweckbefristeter Arbeitsvertrag), § 3 Abs. 1 Satz 2 TzBfG. Damit haben die Begrifflichkeiten der Rechtsprechung in das Gesetz Eingang gefunden.

Das **auflösend bedingte** Arbeitsverhältnis wird nicht definiert. Insofern ist auf die bisher hierzu ergangene Rechtsprechung zurückzugreifen. Auflösend bedingt ist ein Arbeitsverhältnis demnach, wenn dessen Ende von einem ungewissen Ereignis abhängt, dessen Eintritt nicht Voraussetzung des Vertrags ist.

4. Diskriminierungs- und Benachteiligungsverbot. Ein **befristet beschäftigter** Arbeitnehmer darf wegen der Befristung des Arbeitsvertrages **nicht schlechter** behandelt werden, als ein vergleichbarer unbefristeter Arbeitnehmer, es sei denn, daß **sachliche Gründe** eine unterschiedliche Behandlung rechtfertigen, § 4 Abs. 2 Satz 1 TzBfG. Einem befristet beschäftigten Arbeitnehmer ist Arbeitsentgelt oder eine andere teilbare geldwerte Leistung, die für einen bestimmten Bemessungszeitraum gewährt wird, mindestens in dem Umfang zu gewähren, der dem Anteil seiner Beschäftigungsdauer im Bemessungszeitraum entspricht, § 4 Abs. 2 S 2 TzBfG. Sind bestimmte Beschäftigungsbedingungen von der **Dauer des Bestehens** des Arbeitsverhältnisses in dem selben Betrieb oder Unternehmen abhängig, so sind für befristet beschäftigte Arbeitnehmer die selben Zeiten zu berücksichtigen wie für unbefristete beschäftigte Arbeitnehmer, es sei denn, daß eine unterschiedliche Berücksichtigung aus sachlichen Gründen gerechtfertigt ist, § 4 Abs. 2 TzBfG. Damit ist das **Verbot der Diskriminierung**, das schon bisher nach § 2 BeschFG galt, noch deutlicher als bisher niedergelegt. Eine Gleichbehandlung muß mit „vergleichbaren" unbefristet beschäftigten Arbeitnehmern erfolgen. Gibt es im Betrieb keinen vergleichbaren unbefristet beschäftigten Arbeitnehmer, so ist er auf Grund des anwendbaren Tarifvertrags zu bestimmen. Kann ein Tarifvertrag nicht herangezogen werden, so ist darauf abzustellen, wer im jeweiligen Wirtschaftszweig üblicherweise als vergleichbar unbefristet beschäftigter Arbeitnehmer anzusehen ist.

Dasselbe gilt für das Benachteiligungsverbot nach § 5 des TzBfG, wonach ein Arbeitnehmer nicht wegen der Inanspruchnahme von Rechten nach dem TzBfG benachteiligt werden darf. Dieses Benachteiligungsverbot ergibt sich bereits aus § 612 a BGB und hat im Kündigungsverbot für den Bereich der Teilzeitarbeit in § 11 TzBfG einen – weiteren – Niederschlag gefunden.

5. Sachliche Befristungsgründe. Nach § 14 Abs. 1 TzBfG ist die Befristung eines Arbeitsvertrags zulässig, wenn sie durch einen **sachlichen Grund** gerechtfertigt ist. Ein sachlicher Grund liegt hiernach **insbesondere**, also beispielhaft, vor, wenn

– der betriebliche Bedarf der Arbeitsleitung nur **vorübergehend** besteht.

Die Anerkennung eines vorübergehenden Arbeitskräftebedarfs als Befristungsgrund (z. B. während des Schlußverkaufs oder eines künftig wegfallenden Arbeitskräftebedarfs) setzt nach der Rechtsprechung voraus, daß zum Zeitpunkt des Vertragsschlusses der Arbeitgeber aufgrund greifbarer Tatsachen mit hinreichender Sicherheit annehmen kann, daß der Arbeitskräftebedarf in Zukunft wegfallen wird (BAG vom 29. 1. 1997 – NZA 1987, 627).

– wenn die Befristung **im Anschluß an eine Ausbildung oder ein Studium** erfolgt, um den Übergang des Arbeitnehmers in eine Anschlußbeschäftigung zu erleichtern.

Diesen Befristungsgrund gab es nach der Rechtsprechung in dieser klaren Konturierung bislang nicht. Das gesetzgeberische Ziel war es, dem in einer Ausbildung Befindlichen den Übergang in eine Anschlußbeschäftigung zu erleichtern. Erfaßt werden soll auch der Fall, daß ein Arbeitnehmer, der als Werksstudent bei einem Arbeitgeber beschäftigt war, nach dem Studium bei diesem Arbeitgeber erneut befristet werden kann (BT-Dr 15/4374, Seite 19).

Fraglich ist, ob **Weiterbildungs-** oder **Umschulungsmaßnahmen** ebenfalls eine Ausbildung im Sinne des § 14 Abs. 1 Nr. 2 TzBfG darstellen können. Dies wird von der Rechtsprechung zu klären sein, ebenso wie weitere Zweifelsfragen, die sich aus der etwas farblosen Formulierung ergeben, wonach der Übergang des Arbeitnehmers in eine Anschlußbeschäftigung erleichtert werden soll.

– wenn der Arbeitnehmer zur **Vertretung** eines anderen Arbeitnehmers beschäftigt wird.

Ein Vertretungsfall liegt vor, wenn durch den zeitweiligen Ausfall eines Arbeitnehmers (z. B. wegen Krankheit, Einberufen zum Wehrdienst, Abordnung ins Ausland, Beurlaubung etc.) ein **vorübergehender Bedarf an der Beschäftigung eines anderen Arbeitnehmers entsteht** (BAG vom 6. 12. 2000 – 7 AZR 262/99 = BB 2001, 833). Auch außerhalb des TzBfG gibt es Befristungsmöglichkeiten. Nach § 21 Abs. 3 BErzGG sind Zweckbefristungen für Vertretungsfälle im Zusammenhang mit dem **Mutterschutz**, dem **Erziehungsurlaub** und den erforderlichen Einarbeitungszeiten zugelassen. Der Arbeitgeber steht dann vor der Wahl, ob er bei Vertretungen in Mutterschutzangelegenheiten eine datumsmäßige Befristung oder eine Zweckbefristung wählt, § 21 III BerzGG.

– wenn die **Eigenart** der Arbeitsleistung die Befristung rechtfertigt.

Die Eigenart der Arbeitsleistung bezieht sich vor allem auf das von der Rechtsprechung zur Rundfunkfreiheit gem. Art. 5 Abs. 1 GG abgeleitete Recht der Rundfunkanstalten, programmgestaltende Mitarbeiter wegen der Programmplanung lediglich für eine bestimmte Zeit zu beschäftigen. In gleicher Weise wird mit der Freiheit der Kunst gem. Art. 5 Abs. 3 GG das Recht der Bühnen begründet, entsprechend dem künstlerischen Konzept Arbeitsverträge mit Solisten (Schauspielern, Solosängern, Tänzern, Kapellmeistern u. a.) jeweils befristet abzuschließen (BAG vom 11. 12. 1991 – NJW 1993, 2006 = NZA 1993, 354; BVerfG vom 13. 1. 1982 = AP Nr. 1 zu Art. 5 IGG Rundfunkfreiheit).

– wenn die Befristung zur **Erprobung** erfolgt.

Die Befristung zur Erprobung der fachlichen und persönlichen Eignung eines Arbeitnehmers vor einer längeren vertraglichen Bindung ist der typische Fall eines zulässigen Zeitvertrags. In Zukunft wird die Befristung zur Erprobung in den Fällen an Bedeutung gewinnen, in denen bereits eine vorhergehende Beschäftigung des Arbeitnehmers beim selben Arbeitgeber bestand, eine sachgrundlose Befristung aber wegen § 14 Abs. 2 TzBfG ausgeschlossen ist, der Arbeitnehmer aber in einer anderen Position erprobt werden soll.

– wenn in der **Person des Arbeitnehmers** liegende **Gründe** die Befristung rechtfertigen.

In Betracht kommt vorübergehende Beschäftigung des Arbeitnehmers, um z. B. die Zeit bis zum Beginn einer bereits fest ins Auge gefaßten anderen Beschäftigung, des Wehrdienstes oder eines Studiums zu überbrücken. Personenbedingt gerechtfertigt kann die Befristung sein, wenn der Arbeitsvertrag für die Dauer einer Aufenthaltserlaubnis des Arbeitnehmers geschlossen wird und zum Zeitpunkt des Vertragsabschlusses hinreichend sicher ist, daß die Aufenthaltserlaubnis nicht verlängert wird.

– wenn der Arbeitnehmer aus **Haushaltsmitteln** vergütet wird, die haushaltsrechtlich für eine befristete Beschäftigung bestimmt sind, und er entsprechend beschäftigt wird.

Danach ist eine Befristung möglich, wenn der Arbeitnehmer aus Haushaltsmitteln vergütet wird, die haushaltsrechtlich für eine befristete Beschäftigung (z. B. Forschungsobjekte) bestimmt sind. Voraussetzung ist, daß der Arbeitnehmer zu Lasten dieser Mittel eingestellt und entsprechend beschäftigt wird (BAG vom 27. 1. 1988 – AP-Nr. 116 zu § 620 BGB Befristung; BAG vom 7. 7. 1999 = NZA 2000, 591).

– oder wenn die Befristung auf einem **gerichtlichen Vergleich** beruht.

Nach bisherigem Meinungsstand war umstritten, ob auch ein außergerichtlicher Vergleich für eine Befristung ausreicht. Dies hat der Gesetzgeber nun negativ entschieden.

Ob die – beispielhafte – Aufzählung der Befristungsgründe in der Praxis zu einer gewissen Einschränkung des Umfangs sachlicher Befristung führt oder gar zu deren Erweiterung, bleibt abzuwarten. **Zu beachten ist, daß auch Verträge, die eine kürzere Laufzeit als sechs Monate aufweisen, einer Befristungskontrolle unterliegen.** Auf die Frage, ob der Kündigungsschutz durch die Befristung umgangen werden kann, kommt es nach dem klaren Wortlaut des TzBfG nicht – mehr – an. Soweit ein betrieblicher Schwellenwert erforderlich ist, gilt dieser gemäß § 8 Abs. 7 TzBfG nur für den Anspruch auf **Verringerung** der Arbeitszeit.

6. Sachgrundlose Befristung. § 14 Abs. 2 TzBfG befaßt sich mit der kalendermäßigen Befristung eines Arbeitsvertrages **ohne Vorliegen eines sachlichen Grundes.** Die dortige Regelung über Befristungen ohne sachlichen Grund hat das bis 31. 12. 2000 geltende Beschäftigungsförderungsgesetz abgelöst. Nach § 14 Abs. 2 Satz 1 TzBfG ist die kalendermäßige Befristung des Arbeitsvertrages ohne sachlichen Grund bis zur **Höchstdauer von 2 Jahren** möglich; die **Zweckbefristung bedarf stets eines sachlichen Grunds.** Bis zur Gesamtdauer von 2 Jahren ist eine dreimalige Verlängerung des kalendermäßig befristeten Arbeitsvertrags zulässig. Sie setzt voraus, daß sich der neue Vertrag nahtlos an den alten anschließt. Die Einigung der Arbeitsvertragsparteien über die Vertragsverlängerung muß **während der Vertragsdauer** zustande kommen. Eine Verlängerung liegt nur vor, wenn der vereinbarte Endtermin bei im übrigen unverändertem Vertragsinhalt hinausgeschoben wird. Nach § 14 Abs. 2 Satz 2 TzBfG ist eine sachgrundlose Befristung **nicht zulässig,** wenn mit dem selben Arbeitgeber bereits **zuvor** ein **befristetes** oder **unbefristetes Arbeitsverhältnis** bestanden hat. Die bisherige Möglichkeit einer erneuten Befristung ohne sachlichen Grund nach § 1 Abs. 3 BschFG, wenn zu dem bisherigen Arbeitsverhältnis mit dem selben Arbeitgeber kein enger sachlicher Zusammenhang mehr besteht, ist ausgeschlossen. Ein solcher enger sachlicher Zusammenhang war dann anzunehmen, wenn zwischen den Arbeitsverträgen ein Zeitraum von weniger als vier Monaten lag. § 14 Abs. 2 Satz 2 TzBfG ist dahin zu verstehen, daß eine Befristung ohne Sachgrund ausscheidet, wenn **irgendwann** zuvor zwischen den Arbeitsvertragsparteien ein Arbeitsverhältnis bestanden hat. Neu ist die in § 14 Abs. 3 TzBfG niedergelegte Regelung, wonach die Befristung eines Arbeitsvertrages **keines** sachlichen Grunds bedarf, wenn der Arbeitnehmer bei Beginn des befristeten Arbeitsverhältnisses das 58. Lebensjahr vollendet hat. Der Zweck der Regelung besteht darin, den Arbeitgebern einen Anreiz zu geben, auch älteren – und damit schutzwürdigen – Arbeitnehmern eine weitere Chance zur Teilnahme am Erwerbsleben zu gewähren.

§ 14 Abs. 4 TzBfG bestimmt, daß die Befristung eines Arbeitsvertrags zu ihrer Wirksamkeit der **Schriftform** bedarf. Diese Regelung entspricht § 623 BGB, gültig seit 1. 5. 2000. Bei § 14 Abs. 4 TzBfG handelt es sich um ein gesetzliches Schriftformerfordernis im Sinne des § 126 BGB. Die Unterzeichnung der Befristungsabrede durch die Parteien muß auf der selben Urkunde erfolgen. Werden mehrere gleichlautende Ausfertigungen erstellt, so genügt es, wenn jede Partei die für die andere Partei bestimmte Urkunde unterzeichnet, § 126 Abs. 2 Satz 2 BGB. Dem Schriftformerfordernis wird nicht genügt mit dem Austausch von **Telefaxen.** Nur die **Befristungsabrede** des Arbeitsvertrags und eine etwaige nachträgliche Veränderung der Befristungsdauer bedürfen der Schriftform, nicht der befristete Arbeitsvertrag selbst. Das Schriftformerfordernis des § 14 Abs. 4 TzBfG gilt auch nicht für die Befristung einzelner Arbeitsbedingungen. Bei der **Zweckbefristung** erstreckt sich das Schriftformerfordernis auch auf den Zweck.

7. Ende des befristeten Arbeitsvertrages. § 15 regelt das **Ende** des befristeten Arbeitsvertrags. Ein kalendermäßig befristeter Arbeitsvertrag endet mit Ablauf der vereinbarten Zeit, § 15 Abs. 1 TzBfG. § 15 TzBfG übernimmt die bisherige Funktion des § 620 Abs. 1 BGB und bildet nunmehr eine Sonderregelung für Arbeitsverhältnisse; § 620 Abs. 1 BGB gilt nur noch für sonstige Dienstverhältnisse (etwa Geschäftsführeranstellungsverhältnisse).

Ein **zweckbefristeter** Arbeitsvertrag endet mit **Erreichen des Zwecks**, frühestens jedoch zwei Wochen nach Zugang der schriftlichen Unterrichtung des Arbeitnehmers durch den Arbeitgeber über den Zeitpunkt der Zweckerreichung, § 15 Abs. 2 TzBfG. Die zweiwöchige Ankündigungsfrist soll dem Arbeitnehmer Zeit geben, sich auf das bevorstehende Ende des Arbeitsverhältnisses einzustellen. Der Arbeitnehmer kennt im allgemeinen den genauen Zeitpunkt der Zweckerreichung und damit das Ende des befristeten Arbeitsverhältnisses nicht. Schon bisher hatte die Rechtsprechung eine Auslauffrist angenommen, allerdings mit der Länge der jeweils geltenden Mindestkündigungsfrist. Nunmehr entspricht die Dauer der Auslauffrist des § 15 TzBfG einheitlich der gesetzlichen Kündigungsfrist des § 622 Abs. 3 ohne bestimmten Kündigungstermin. Die Auslauffrist kann tarifvertraglich oder einzelvertraglich verlängert, nicht aber verkürzt werden (§ 22 Abs. 1 TzBfG).

Ein befristetes Arbeitsverhältnis unterliegt dann der **ordentlichen Kündigung** nach § 622 BGB (regelmäßig 4. zum 15. eines Monats oder zum Monatsende), wenn dies einzelvertraglich oder im anwendbaren Tarifvertrag vereinbart ist, § 15 Abs. 3 TzBfG (sog. höchstbefristetes Arbeitsverhältnis). Das Recht zur **außerordentlichen Kündigung** bestimmt sich wie bisher nach § 626 BGB.

Wenn das Arbeitsverhältnis für die **Lebenszeit einer Person** oder für **längere Zeit als 5 Jahre** eingegangen ist, so kann es vom Arbeitnehmer nach Ablauf von 5 Jahren gekündigt werden; die Kündigungsfrist beträgt sechs Monate, § 15 Abs. 4 TzBfG. Diese Regelung entspricht § 624 BGB. Wird das Arbeitsverhältnis nach Ablauf der Zeit, für die es eingegangen ist, oder nach Zweckerreichen mit **Wissen des Arbeitgebers fortgesetzt,** so gilt es als auf **unbestimmte Zeit verlängert,** wenn der Arbeitgeber nicht unverzüglich widerspricht oder dem Arbeitnehmer die Zweckerreichung nicht unverzüglich mitteilt, § 15 Abs. 5 TzBfG. Diese Regelung entspricht im wesentlichen der bisherigen

Regelung in § 625 BGB. Aus Gründen der Vollständigkeit enthält § 15 Abs. 5 TzBfG eine Ergänzung für den Fall, daß der Arbeitgeber bei einer Zweckbefristung die unverzügliche Mitteilung nach § 15 Abs. 2 TzBfG über das Erreichen des Zwecks unterläßt. Damit soll verhindert werden, daß der Arbeitgeber das Ende des befristeten Arbeitsverhältnisses beliebig hinauszögern kann. § 15 TzBfG ist zwingend, während § 625 BGB als dispositiv angesehen wird. Danach konnten die Arbeitsvertragsparteien die Rechtsfolge des § 625 BGB arbeitsvertraglich ausschließen. Solche Vereinbarungen zum Nachteil des Arbeitnehmers sind wegen § 22 TzBfG nicht zulässig.

Wenn die **Befristung unwirksam** ist, so gilt ein befristeter Arbeitsvertrag als auf unbestimmte Zeit abgeschlossen, § 16 TzBfG, 1. H. S.. Er kann vom **Arbeitgeber** frühestens zum vereinbarten Ende ordentlich gekündigt werden, sofern nicht nach § 15 Abs. 3 die ordentliche Kündigung zu einem früheren Zeitpunkt möglich ist (also im Falle eines sog. höchstbefristeten Arbeitsverhältnisses). Der Arbeitsvertrag ist auch vor dem vereinbarten Ende ordentlich kündbar, wenn die Befristung nur **wegen des Mangels der Schriftform** unwirksam ist, § 16 Satz 2 TzBfG oder tarifvertraglich eine Kündigungsmöglichkeit während der Befristung vereinbart worden ist, § 16 Satz 1 Halbsatz 2 i. V. m. § 15 Abs. 3 TzBfG.

8. Gerichtliche Geltendmachung der Unwirksamkeit der Befristung.
Wenn der Arbeitnehmer geltend machen will, daß die Befristung eines Arbeitsvertrages rechtsunwirksam ist, so muß er innerhalb **von drei Wochen** nach dem vereinbarten Ende des befristeten Arbeitsvertrags **Klage beim Arbeitsgericht auf Feststellung erheben, daß das Arbeitsverhältnis aufgrund der Befristung nicht beendet ist,** § 17 Abs. 1 TzBfG. Die § 5–7 des Kündigungsschutzgesetzes gelten entsprechend. Diese Regelung entspricht § 1 Abs. 5 des bis 31. 12. 2000 geltenden Beschäftigungsförderungsgesetzes.

Die Klagefrist gilt für alle befristeten Arbeitsverträge, auch für solche nach § 57 a ff. HRG oder etwa nach § 21 BErzGG. § 17 TzBfG stellt klar, daß auch die Unwirksamkeit wegen Nichteinhaltung der Schriftform innerhalb der Dreiwochenfrist geltend zu machen ist.

Die Klagefrist des § 17 TzBfG gilt auch für die Zweckbefristung. Zweckbefristete Arbeitsverträge enden mit Erreichen des Zwecks, nach Maßgabe des § 15 Abs. 2 TzBfG allerdings frühestens zwei

Wochen nach Zugang einer entsprechenden Mitteilung des Arbeitgebers. § 17 Satz 3 TzBfG bestimmt etwas mißverständlich, daß für den Fall, daß das Arbeitsverhältnis nach dem vereinbarten Ende fortgesetzt wird, die Frist nach Satz 1 (3 Wochen) mit dem Zugang der schriftlichen Erklärung des Arbeitgebers beginnt, daß das Arbeitsverhältnis aufgrund der Befristung beendet sei. Diese Formulierung steht im Widerspruch zur Regelung in § 15 Abs. 5 TzBfG und zur schon bislang geltenden Regelung des § 625 BGB, wonach das Arbeitsverhältnis als auf unbestimmte Zeit verlängert gilt, wenn es nach dem vereinbarten Ende oder nach Zweckerreichen mit Wissen des Arbeitgebers fortgesetzt wird. Geht man vom Wortlaut des § 17 Satz 3 TzBfG aus, so kann der Arbeitnehmer noch dann gegen eine Befristung klagen, wenn aus dem ursprünglich befristeten Arbeitsverhältnis wegen widerspruchsloser Fortsetzung nach § 15 Abs. 5 TzBfG bereits ein unbefristetes Arbeitsverhältnis geworden ist. Dieser Widerspruch zwischen § 15 Abs. 5 und § 17 Satz 3 TzBfG ist wie folgt aufzulösen: § 17 Satz 3 TzBfG knüpft an § 15 Abs. 2 TzBfG an. Wegen der zweiwöchigen Mindestankündigungsfrist des § 15 Abs. 2 TzBfG können bei der Zweckbefristung bzw. bei der auflösenden Bedingung das vereinbarte Ende und das tatsächliche und das rechtliche Ende des Arbeitsverhältnisses auseinanderfallen. Hat der Arbeitgeber die Zweckerreichung unverzüglich (wenn auch nicht rechtzeitig zwei Wochen vorher) schriftlich mitgeteilt, greift die Fiktion des § 15 Abs. 5 TzBfG nicht, wonach das Arbeitsverhältnis auf unbestimmte Zeit verlängert gilt. Bei dieser Konstellation ist unklar, ob die dreiwöchige Klagefrist mit dem **vereinbarten** Ende – hierauf stellt § 17 Satz 1 TzBfG ab – oder mit der tatsächlichen Beendigung beginnt. § 17 Satz 3 löst das Problem dergestalt, daß die Klagefrist mit dem Zugang der schriftlichen Erklärung des Arbeitgebers nach § 15 Abs. 2 TzBfG beginnt. Geregelt wird demnach der Fall, daß der Zweck bereits erreicht bzw. die Bedingung bereits eingetreten ist, das Arbeitsverhältnis jedoch in Ermangelung einer rechtzeitigen mit zweiwöchiger Vorlaufzeit zu erfolgenden Ankündigung noch nicht beendet ist. § 17 Satz 3 TzBfG ist damit vor dem Hintergrund des § 15 Abs. 2, 5 TzBfG und dem in der Gesetzesbegründung zum Ausdruck kommenden Normzweck restriktiv auszulegen und hat daher nur Bedeutung im in der Regel zwei Wochen nicht überschreitenden Zeitraum zwischen Zweckerreichung bzw. Eintritt der Bedingung und dem spätesten Zeitpunkt der Mitteilung des Arbeitgebers, daß der Zweck erreicht sei (Kliemt NZA 2001, Seite 303).

Wird der Arbeitsvertrag unter einer **auflösenden Bedingung** geschlossen, so gelten die Bestimmungen der § 4 Abs. 2, § 5, § 14 Abs. 1 und 4, § 15 Abs. 2, 3 und 5 sowie die §§ 16–20 TzBfG entsprechend, s. o. Auch schon nach der bisherigen Rechtsprechung waren auflösend bedingte Verträge wegen ihrer Nähe zu den befristeten, insbesondere zweckbefristeten Verträge im allgemeinen mit diesen gleich behandelt worden. Nunmehr bedürfen auch auflösend bedingte Arbeitsverträge der Schriftform. Nach der bisher geltenden Regelung des § 623 BGB (seit 1. 5. 2000) bedurfte nur die Befristung der Schriftform.

9. Die Regelungen im TzBfG sind im wesentlichen unabdingbar, § 22 Abs. 1 und 2 TzBfG. Abdingbar sind nur die Regelungen in § 14 Abs. 2 Satz 3 und 4. Enthält ein Tarifvertrag für den öffentlichen Dienst Bestimmungen im Sinne der § 14 Abs. 2 Satz 3 und 4, so gelten solche Bestimmungen auch zwischen nicht tarifgebundenen Arbeitgebern und Arbeitnehmern außerhalb des öffentlichen Dienstes, wenn die Anwendung der für den öffentlichen Dienst geltenden tarifvertraglichen Bestimmungen zwischen ihnen vereinbart ist und die Arbeitgeber die Kosten des Betriebs überwiegend mit Zuwendungen im Sinne des Haushaltsrechts decken, § 22 Abs. 2 TzBfG.

10. Die Entgeltregelung ist das Kernstück des Vertrages; sie unterliegt am häufigsten Tarifbestimmungen und muß diesen und den sehr unterschiedlichen betrieblichen Verhältnissen am sorgfältigsten angepaßt werden. Es ist genau zu überlegen, welche der vorgeschlagenen Formulierungen gewählt werden soll und wie sie etwa noch zu ändern und zu ergänzen ist. Beachten Sie, daß die Akkord- und Prämiengrundsätze entweder tariflich oder, bei Fehlen von Tarifbestimmungen, mit dem Betriebsrat gemeinsam festgelegt werden müssen. Die vertragliche Regelung muß damit übereinstimmen. Mehrarbeitszuschläge sind nur dann pauschal abgegolten, wenn wirklich ein Zuschlag in dem vereinbarten Gehalt enthalten ist. Übertarifliche Zulagen und Sozialzulagen (z. B. für Familienstand, Kinder) sollten immer getrennt ausgewiesen werden, ebenso alle sonstigen Sonderzuwendungen.

11. Entgeltfortzahlung im Krankheitsfall ist für Arbeiter und für Angestellte für 6 Wochen vorgeschrieben (Entgeltfortzahlungsgesetz (EntFG) vom 26. 5. 1994, BGBl. I S. 1014, 1065 ff.). Der Anspruch auf Entgeltfortzahlung besteht auch im befristeten Arbeitsverhältnis, jedoch nicht über den Ablauf der Frist hinaus.

12. Die Tätigkeit wird zweckmäßigerweise genau umschrieben, eine Umsetzung zu anderer Tätigkeit aber vorbehalten. Zur Vermeidung späterer Streitigkeiten ist festzulegen, ob und wann sich der Arbeitnehmer bei einer Umsetzung zu einer geringerwertigen Tätigkeit eine Lohnänderung gefallen lassen muß. Auf eine möglichst weitgefaßte Versetzungsklausel sollte nicht verzichtet werden, damit die Möglichkeit offen gehalten wird, flexibel auf betriebsorganisatorische Erfordernisse zu reagieren. Ist ein Tarifvertrag anzuwenden, so ist darauf zu achten, ob er Bestimmungen über die Umsetzung enthält. Ein Verbot von Nebenbeschäftigungen hat praktische Bedeutung nur beim Probearbeitsverhältnis, das ja nach Möglichkeit in ein Dauerarbeitsverhältnis übergehen soll; es wird überdies von der Rechtsprechung nur gebilligt, wenn die Nebenbeschäftigung entweder eine echte Konkurrenztätigkeit ist oder den Arbeitnehmer nach ihrem Umfang an der Erfüllung seiner vertraglichen Pflichten hindert. Gleichwohl kann ein Verbot für Nebentätigkeiten in den Vertrag aufgenommen werden, wobei allerdings für den Einzelfall zu prüfen ist, ob ein solches Verbot im Hinblick auf die Rechtsprechung zulässig ist. Unschädlich ist eine Vertragsklausel, wonach der Arbeitnehmer verpflichtet ist, dem Arbeitgeber eine Nebentätigkeit anzuzeigen.

13. Bestimmungen über die Arbeitszeit sind nur notwendig, wenn sie nicht betriebseinheitlich festgelegt sind oder wenn gerade für diesen Arbeitnehmer besondere Arbeitszeiten gelten sollen (z. B. Halbtagsbeschäftigung).

14. Einzelvereinbarungen über den Urlaub sind bei befristeten Arbeitsverhältnissen überflüssig. Der Hinweis auf die gesetzlichen oder tariflichen Bestimmungen genügt.

15. Wenn beiderseits Tarifbindung besteht und die Tarifbestimmungen im Vertrag nicht wiederholt werden, empfiehlt es sich, in § 6 am Ende des ersten Satzes zusätzlich auf den Tarifvertrag hinzuweisen, ebenso, wenn auch ohne Tarifbindung die tariflichen Bestimmungen in den Arbeitsvertrag übernommen werden sollen.

16. Probezeiten können auch in unbefristeten Dauerarbeitsverhältnissen festgelegt werden. Dann endet auch das Probearbeitsverhältnis im Gegensatz zu dem befristeten Probearbeitsverhältnis (Muster V. und VI.) nur durch Kündigung. Muster für Probeklauseln im unbefristeten Arbeitsverhältnis finden sich in der Broschüre Nr. 3 dieser Reihe.

17. Am 21. 7. 1995 ist das **Gesetz über den Nachweis der für ein Arbeitsverhältnis geltenden wesentlichen Bedingungen** (Nachweisgesetz – NachwG) vom 20. 7. 1995, BGBl. I S. 946 in Kraft getreten. Eine Änderung des Gesetzes ist am 24. 3. 1999 (BGBl. I, S. 338) erfolgt.

Das Gesetz dient der Umsetzung einer EG-Richtlinie betreffend die Pflichten des Arbeitgebers, den Arbeitnehmer über die wesentlichen Bedingungen seines Arbeitsverhältnisses schriftlich zu unterrichten. Dazu gehören u. a. Arbeitsplatz, Arbeitszeit, Arbeitsverdienst, Urlaubsdauer. Diese schriftliche Unterrichtung hat spätestens einen Monat nach dem vereinbarten Beginn des Arbeitsverhältnisses zu erfolgen. Bei Änderung wesentlicher Vertragsbedingungen hat eine erneute schriftliche Benachrichtigung zu erfolgen.

Das Gesetz erfaßt alle in einem Arbeitsverhältnis stehenden Arbeiter oder Angestellten, auch die des öffentlichen Dienstes und leitende Angestellte. Ausgenommen sind lediglich Personen, die nur zur vorübergehenden Aushilfe von höchstens einem Monat eingestellt werden.

Eine ausführliche Darstellung der gesetzlichen Neuregelung des Nachweisgesetzes enthält der Aufsatz von *Stückemann* in BB 1995, 1846 und BB 1999, Heft 50.

Die Angaben zur **Auslandstätigkeit** müssen nur erfolgen, wenn diese länger als einen Monat dauert.

Die Verpflichtung zur Aushändigung der Niederschrift entfällt, wenn der schriftliche Arbeitsvertrag die nach dem Gesetz erforderlichen Angaben enthält (§ 4 NachwG). Bei Arbeitnehmern, die eine **geringfügige Beschäftigung** nach § 8 Abs. 1 Nr. 1 SGB IV ausüben, ist der Hinweis aufzunehmen, daß der Arbeitnehmer in der gesetzlichen Rentenversicherung die Stellung eines versicherungspflichtigen Arbeitnehmers erwerben kann, wenn er nach § 5 Abs. 2 Satz 2 SGB VI auf die Versicherungsfreiheit durch Erklärung gegenüber dem Arbeitgeber verzichtet.

VIII. Schrifttums-Hinweise

Bauer/Röder	Taschenbuch zur Kündigung, 2. Aufl. 1999, Verlag Recht und Wirtschaft, Heidelberg
Grüll/Janert	Arbeitsrechtliches Taschenbuch für Vorgesetzte, 16. Auflage 2001, I. H. Sauer-Verlag, Heidelberg
Hanau/Adomeit	Arbeitsrecht, 12. Auflage 1999, Luchterhand-Verlag, Neuwied
Küttner	Personalbuch 2001, 8. Auflage 2001, Verlag C. H. Beck, München
Löwisch	Kündigungsschutzgesetz, Taschen Kommentar des Betriebs-Beraters, 8. Auflage 2000, Verlag Recht und Wirtschaft, Heidelberg
Pulte/Mensler	Variable Arbeitszeitgestaltung, 1999, Heidelberger Musterverträge, Verlag Recht und Wirtschaft, Heidelberg
Schaub	Arbeitsrechts-Handbuch, Auflage 2000, Verlag C. H. Beck, München
Tschöpe	Anwalts-Handbuch Arbeitsrecht, 2. Auflage 2000, Verlag Dr. Otto Schmidt, Köln